我的第一本
哲学书

陈咏梅 / 著　张佳茹 / 绘

SPM 南方传媒 | 广东人民出版社
· 广州 ·

图书在版编目（CIP）数据

我的第一本哲学书 / 陈咏梅著；张佳茹绘．—广州：广东人民出版社，2024.3

ISBN 978-7-218-17443-3

Ⅰ.①我… Ⅱ.①陈… ②张… Ⅲ.①哲学—少儿读物 Ⅳ.①B-49

中国国家版本馆CIP数据核字（2024）第056467号

WODE DI-YI BEN ZHEXUE SHU

我的第一本哲学书

陈咏梅 著　张佳茹 绘

出 版 人：肖风华

责任编辑：马妮璐

责任技编：吴彦斌

装帧设计：李舒园　马文红

出版发行：广东人民出版社

地　　址：广东省广州市越秀区大沙头四马路10号（邮政编码：510199）

电　　话：（020）85716809（总编室）

传　　真：（020）83289585

网　　址：http://www.gdpph.com

印　　刷：天津海德伟业印务有限公司

开　　本：710mm×955mm　1/16

印　　张：8　**字　　数：**140千

版　　次：2024年3月第1版

印　　次：2024年3月第1次印刷

定　　价：38.00元

如发现印装质量问题，影响阅读，请与出版社（020-85716849）联系调换。

售书热线：（020）87716172

前言

哲学是什么？

一直以来，哲学对于许多人来说，似乎是一个极其严肃而高深莫测的命题，好像哲学是只有哲学家才能涉及的一门学科，甚至有人认为，只有哲学家们通过思考后说的话，才是哲学。

从古希腊开始，许多先哲们试图给哲学下一个准确而全面的定义，结果时至今日，仍然没有一个标准而统一的答案。

没有确定而标准的答案，是哲学，也是人生。

其实，哲学涉及所有人类行为的基本问题，也正因如此，哲学并不是高高在上，而是和每一个人息息相关。

有人说：哲学是批判性的思考。

有人说：哲学是逻辑原则指导下的力求精确的抽象思考。

有人说：哲学就是努力思考最重要的问题，并尝试澄清问题和答案。

不管哪一种定义，有一点是明确的：哲学是为了让人思考。

这套哲学启蒙绘本，从小学生学习和日常生活中去发现他们想法中一些矛盾的点和问题，让他们感受事物之间的相互联系与辩证关系，引导他们去发现和思考与自己生活经历有关的各种事物的意义。学会用思辨的思维看待生活中发生的事，埋下思考的种子！ 这便是我们创作这套书的目的和意义。

人物介绍

大米粒，小豆豆的哥哥，小学五年级学生。对人热情，乐于助人，性格活泼开朗。

小豆豆，大米粒的弟弟，小学二年级学生。有些调皮，但是善良，尊重生命，喜欢思考。

小小哲学家，从哲学的角度去分析事物背后蕴含的道理，让大家珍视生命、认识到成长的意义、养成独立思考的能力并热爱生活。

目录

第一篇

生命像花儿一样绽放

第二篇

成长像树木一样坚韧

第三篇

思想像天空一样广阔

第四篇

生活像石头一样真实

第一篇

生命像花儿一样绽放

1 什么是生命?

周末，爸爸妈妈带大米粒和小豆豆去农场参观，看到一只只小鸡从蛋壳里钻出来，他们觉得很神奇。农场主告诉他们，把鸡蛋放在温度适宜的环境中，经过 19 ~ 21 天的孕育，就会孵出小鸡，诞生新生命。当然，以前这项工作是由鸡妈妈来完成的。

难道不需要吃东西的，就都没有生命吗?

有些生物虽然不吃东西，但它们靠其他的方法获取生长所需要的能量，也是有生命的。比如小草和大树通过光合作用合成所需的营养来维持生命，如果没有阳光，它们会生病，甚至死掉。

像在农场里，有无数的生命存在，有些我们看得见，有些我们看不见。这些生命都有自己的存在形式，而且，它们都要吸收自身需要的能量，并经历出生、成长、消亡这一过程。目前，人们对生命并没有统一的定义，我们通常所说的生命是指有机生命，包括细胞、动物、植物在内的有机体。

同样都是生命，为什么小狗来了有肉吃，蚂蚁来了却要被赶走？是因为狗大、蚂蚁小吗？

对于生命来说，没有大小之分，无论是人、动物，还是植物，我们眼睛所看到的，只是生命的一种外在形态。就生命的本质来说，生命都是平等的，所有的生物都在努力地生存着，只是通常大家对生命的认知和态度，是站在自己的角度去考虑的。我们喜欢对自己有利的，我们讨厌对自己不利的，甚至是会伤害到自己的。

既然生命是平等的，我们人类为什么又被称为高等生物？

人类之所以被称为高等生物，是因为在漫长的进化过程中，人类进化出了发达的大脑，有了复杂的思维、语言、自我意识以及解决问题的能力，而这些是其他生物不具备的。

关于生命的起源，人们在不同时期有着不同的认知。最初的时候，人们认为生命是由一种神秘的力量，如神佛或者上帝创造的，也有人认为生命是自然而然产生的；随着人们认知水平的提高，有人认为生命来自于宇宙中的其他星球，也有人认为生命是一步步进化来的。我国古代的哲学家们认为生命是物质运动的一个过程。

跟着小小哲学家学哲学

生命是指生物体所具有的存在和活动的能力，就生命的本质而言，人与地球上的其他生物一样，由相同的基本物质组成，都具有新陈代谢、遗传变异、应激反应等生命现象。但关于生命的起源，即使到了现在，各个学科给出的解释也不尽相同，虽然各种说法都有一定的局限性，却说明了人类对生命的探索从未停止。

2 生命的意义是什么？

家里的旺柴死了，大米粒和小豆豆都非常难过，爸爸劝他们别难过，毕竟旺柴已经十多岁了，这对一只狗来说，已经算很大年纪了。

所有活在世上的事物都有自己的一生一世哦！你们还记得吗？种子在春天发芽，夏天茁壮成长，秋天结出果实，冬天就慢慢枯萎了，这就是大自然的规律啊！动物也是这样的哦，这可是无法改变的事实呢！

那些已经离开了人间的生命和从未曾感受过生活的生命，有什么不一样呢？

哎呀，当然有区别了！小草虽然在冬天干枯了，但它经历过春风、夏雨、秋阳，还留下了种子延续生命。虽然它死了，但它曾经活过啊！

生命其实是一场体验。人的一生中，会经历各种各样的事情，这些都是我们对生命的体验，只不过这些体验是以生命会消逝为前提的。就像我们给植物浇水施肥，让它们长得更加枝繁叶茂，却不能阻止它们在冬天的时候干枯。同样，我们也不能因为它们会干枯，而对它们不管不顾，甚至践踏，那是对生命的不负责任。

生命是至高无上的，也是平等的，谁也没有权利让任何生物的生命提前终止，包括我们自己的。

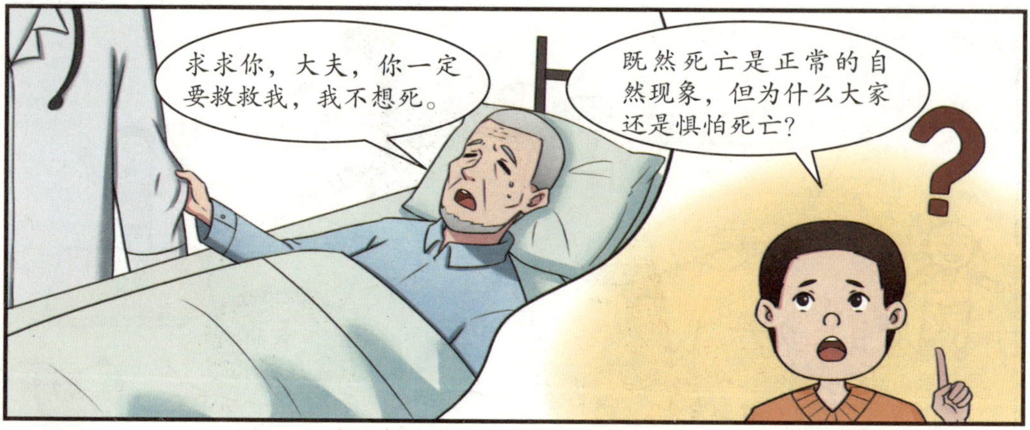

因为死亡就像是放在一个箱子里的未知的东西，我们还不了解它的真面目。如果有人告诉我们这个箱子里有一只小兔子，我们知道小兔子是温柔可爱的，自然会伸手去摸。可是如果根本没人知道箱子里有什么，需要我们自己伸手去摸摸看，这时候无论是谁，心里肯定会有疑惑和不安，甚至害怕里面的东西会伤害到自己。

一个生命的消亡，对爱它的人来说，是一件痛苦的事。正因为生命会消亡，所以我们更要善待生命、珍爱生命；生命只有一次，一旦它的生命终结，就意味着我们再也见不到它了。

有一天，我们也会离开这个世界，所以我们要爱身边的每一个人，珍惜在这个世界上的每一分每一秒，不虚度生命。

跟着小小哲学家学哲学

生和死其实都是一种客观存在的自然规律。一直以来，关于生与死，人们从未停止过探索和思考。早在战国时期，哲学家庄子就认为，生和死是生命不可缺少的两部分，也就是说，生命从诞生之初，就预示着它要走向死亡。但同时生命也是具有超脱性的，我们可以通过丰富自己的人生阅历，提升我们的生命体验。孔子也说过：“朝闻道，夕死可矣！”所以生命不在于长短，而在于在有限的生命里，是否过得有价值和意义。

3 别人眼中的我为什么不一样？

大米粒班上要选班干部了，这次选班干部是采用竞选的形式，只要觉得自己有能力，就可以参加竞选，大米粒跃跃欲试。

很多时候，别人对我们的评价和我们对自己的评价有很大的差距，这是无法避免的。因为我们对自己的认知是建立在自身的经历、感想、记忆的基础上，而别人对我们的看法是建立在别人的经历、感想、记忆的基础上的。每个人的经历、感想、记忆都不同，自然看待事物的角度不同，得出的结论也不同。

人类能够认识到镜子里的人是自己，说明人类是有自我认知的，知道“我”是“我”。但镜子也只是映射出了外貌，对于一个人而言，“我”究竟是什么样子，并不只是说长得是什么样子，而是包括了性格、情感、思想、学识、经历等一切与“我”相关的事情。

看，同一件事，因为所处的立场不同，自然就会有不同的评价。所以，有时候别人的评价，对我们自己来说，并不中肯。

这么说，我们根本不应该在乎别人的评价吗？

自我认知是人通过对外部事物的学习、了解，并结合自己的判断而得出的。但因为学识、眼界的局限，每个人对自我的认知也存在偏差。这个时候，听取别人的意见或者建议，是不错的选择。

我们每个人都有优点和缺点，这需要我们正确地认识自我。如果我们认识不到自己的优点，就会产生自卑心理，从而失去信心。同样，如果我们认识不到自己的缺点，就会盲目自大，做出不恰当的行为。所以，我们要尽量保持清醒的自我认知，这样才不会被别人的评价左右。

我懂了，意思就是说，别人说我坏，我并不一定坏，别人说我好，我也不一定就好，是吗？

对，是这样，因为每个人对好坏、是非的评判标准都不一样，他们看到的也只是你表现出来的某一个方面，那并不代表你的全部！

那我如何才能对自己有一个正确的认知呢？

你可以回想下这几年的班级生活以及你在学校的表现，坦诚地对自我进行一次分析，勇敢正视并接纳自己的缺点，但也别低估自己，要相信自己。如果你确定自己能成为老师管理班级的好帮手，你就大胆地去尝试参加竞选吧！

跟着小小哲学家学哲学

自我认知，简单地讲就是知道自己的行为和心理是一个什么样的状态。对自我有正确认知的人，在生活中有主见、有目标，知道自己想要什么，并且有一个明确的方向，能朝着这个认定的方向主动学习、持续探索，对于自己存在的不足之处，也勇于改正。

4 我们为什么要思考？

这次考试，大米粒班成绩又退步了。

回家后，大米粒把今天课堂上发生的事讲给爸爸妈妈听。

孔子曾说过，在学习的时候，如果不动脑筋思考、不理解书中所讲的意思，只是一味地跟着老师死记硬背，对所学的知识就不会融会贯通、活学活用，自然就学不好。

人如果没有思考能力，就会没有主见、没有追求，别人说什么就是什么，只要满足生存需要就可以了。但实际上人是有思想、有意识、有追求的，这也是人和动物之间的区别。

善于思考不光能让我们成为一个热爱学习、会学习的人，同时对人类的发展更是有着重大的意义，它会影响时代的进步、社会的发展。牛顿正是因为爱思考，所以发现了万有引力，而万有引力的发现对物理学和天文学的发展有着巨大的意义。

思考为什么会有这么大的作用呢？

因为通过思考，我们可以对生活中出现的一些现象、存在的问题进行分析，然后找出解决的办法。人类就是通过不断地发现问题、解决问题，从而不断地了解和认识这个世界。我们只有了解和认识了这个世界，才能知道如何更好地生活。原始社会的时候大家都吃生的食物，一场森林大火过后，有人捡拾被火烧死的动物吃，发现比他们之前生吃的口感好，于是后来人们才有了吃熟食的习惯。

可以说，无论是理论基础，还是发明创造，都离不开人们的思考。有时候也许只是日常生活中的灵光一闪，却可以造福世界。

思考不光能解决生活中存在的问题，对我们精神世界的影响也尤为重要。我们在吃饭的时候，如果思考一下粮食的来源，就会知道粮食是农民伯伯辛苦劳作种植而来的，我们应该珍惜食物，这一认知会让我们的精神得到一种满足感。

我们如何才能成为一个会思考的人呢？

很简单，就是多问为什么。但是，思考不仅是提出问题，更多的是探求答案。

跟着小小哲学家学哲学

思考的目的是让人拥有更广阔的视角，对事物的认知更加接近事物的本质。人类之所以会从自然界那么多的物种中进化为高级生物，善于思考就是其中一个非常重要的因素。人的一生是一个学习与思考的过程，思考更像是一粒叫作“为什么”的种子，当我们寻找答案的时候，越来越广阔的世界便会呈现在我们的面前。

5 我们为什么要有信仰？

学校组织同学们参观革命烈士纪念馆。老师带他们来到烈士的雕像前，给他们讲述烈士们为了革命事业抛头颅、洒热血的故事。

他们为什么这么勇敢？

因为他们心中有信仰！伟大的先驱们之所以能够在敌人的炮火中浴血奋战，正是因为他们心中有中华民族必将走向独立、自主、自强的理想信念，这种理想信念，就是信仰。

烈士心中的“主义”，便是信仰。人一旦有了信仰，就会有一种使命感，会觉得自己做的事是有价值、有意义的，为了这种使命，他们甘愿奉献出自己的一切，包括生命。一个人有什么样的信仰，是由所处的时代、环境和个人的人生观、价值观、世界观所决定的。比如，在原始社会，人们信仰的是天地和祖先。

有些人认为生命是由天地之间的某种神秘力量创造的，而生命能够得到延续是因为我们的祖先，他们坚信天地与祖先是人类、万物的根本。所以早期人类对自然界以及祖先的崇拜，也是信仰的起源。

现在既不是原始社会，又不是战争时期，我们是不是就可以没有信仰了？

错！信仰是指对某种事物、某种思想，甚至对某一个人，因为特别相信，从而产生的一种信奉敬仰之情。这种信奉敬仰其实也是一种精神寄托，在我们困惑的时候可以给我们指明方向，所以，任何时代都需要有信仰！

可是崇高的信仰对于我们普通人来说，是不是太遥不可及了？

信仰可以伟大崇高，也可以微小普通。舍生取义是信仰，为了实现心中的梦想不言放弃也是信仰。如果你看见一粒种子，在石头缝里发芽，并且努力地生长，你突然意识到原来生命可以这么坚韧而强大，于是你觉得你也应该像它一样，不论身处在何种环境里，也要顽强而精彩地活着，这也是信仰。

所有的信仰都是好的吗？

那可不一定。如果一个人的信仰是以尊重生命、博爱和利他思想为基础，这种信仰就是好的，但是如果一个人所信仰的理念里，有蔑视生命，甚至为了达到自己所谓的“信仰”践踏其他生命的行为，这就是不好的。

这也是信仰吗？

对宗教的信仰也是一种信仰。以前，人们觉得变幻莫测的自然界很神秘，对其中的一些现象难以解释，同时，对社会生活中出现的一些问题也感到无能为力，便把一切归于一种神秘力量，认为神佛可以护佑我们，所以说宗教信仰是历史的产物。

现代社会，信仰更多地表现为一种做人做事的道德、行为准则。有信仰的人会有一种自我约束的力量，心里有底线，知道什么事可以做，什么事不可以做。对于这个老伯伯来说，遵守规则，就是一种根植于心的信仰。人如果没有信仰，是一件很可怕的事，看不到生活的目标，也找不到活着的意义，就像是漂浮在茫茫大海上的小船，不知道要去什么地方，更不知道最终会去什么地方，只能随波逐流。

跟着小小哲学家学哲学

信仰让我们有目标，更是我们实现目标的力量之源和精神支柱。信仰的基本解释是对某种宗教或主张相信、崇拜而奉为言行的准则。其实，在现代社会，信仰就是在自己的认知范围内，确信什么是正确的，什么是该做的，并把这些当作行为准则。信仰是人生的目标，也是人生的动力。

6 我们为什么要长大？

姑姑要去出差，让爸爸妈妈帮忙照顾一星期阿布。阿布是姑姑的孩子，刚满两岁，特别招人喜欢。爸爸妈妈十分乐意，把全部注意力都放在阿布的身上，照顾得无微不至。

许多时候，父母忙于照顾小宝宝，会忽略大孩子的一些需求，因此，大孩子们会觉得父母更宠爱小弟弟或者小妹妹。其实，父母对孩子的爱是一样的，只是因为小宝宝没有自理能力，更需要父母的悉心呵护。就像是一棵小树苗，经历风吹雨打就会东倒西歪，但如果长大一些，树干变得粗壮后，就可以自己抵挡风雨了。

成长是一种自然规律，每个孩子都会长大。有些孩子觉得长大后，自己再也不是家里的中心了，担心从此失去父母的爱，所以就会产生不想长大的想法。但其实，父母的爱从来不会因为孩子长大而减少，因为在父母的眼中，你永远是个孩子。

有的孩子不想长大，是因为随着长大会出现许多小时候没有的烦恼，比如再也不能随心所欲地玩耍，要努力学习，要学会和同学、朋友相处。更重要的是，做了错事，父母好像也不那么包容了。但是，成长就是意味着要接受并遵守这些新的规则。一朵花之所以会在枝头绽放，必定是历经了风雨和阳光，在白天和黑夜里不停地萌芽、生长。如果最初的时候，它害怕经历风雨，不愿意发芽，它也就感受不到阳光的温暖和风的轻柔，也就开不出美丽的花朵。

成长的每个阶段，都有属于这个阶段应该做的事、应该有的生命体验。婴儿无法体会某些食物的美味、意识不到朋友的意义、感受不到知识给人带来的成长……只有长大，我们才有可能走得更远，看到更多的风景，体验到更丰富多彩的生活。

长大，不仅可以让我们的身体变得强壮，从而有能力保护自己，并且在自己的能力范围之内，还可以给别人提供帮助、保护别人不受伤害。除此之外，长大还可以让我们的思维变得活跃，对事物的好坏有了分辨能力，对这个世界有了自己的认知。

成长让我们从家庭的中心走出来，走向社会，活动的范围越来越广阔，对这个世界的认知越来越多，在这个过程中，不可避免地会出现各种关于成长的烦恼。就像蝴蝶，在幼虫期它是条毛毛虫，它经过一次次的蜕变才变成蝴蝶。人类的成长也是经过一次次的改变，从懵懂无知的幼儿成长为一个对家庭、对社会有责任感、有贡献的人。

跟着小小哲学家学哲学

我们为什么要长大？因为在长大的过程中，能够体验生命中不同阶段的快乐和忧伤、责任和义务、爱和被爱。成长其实贯穿人的一生，从小孩子长成大人，是人生的旅程中必须经历的阶段。长大意味着逐渐拥有探索世界的能力，虽然在这个过程中，不断出现的问题会让人感到迷茫、困惑，但也正是在思索这些问题的过程中，你知道了你想成为一个什么样的人，并愿意为此而努力，这便是我们要长大的意义吧！

7 容貌重要吗？

学校要举办一年一度的艺术节了，要从五年级的学生中挑选一名主持人。大米粒班上的陈娟同学和李娜同学都想当这次艺术节的主持人。

在古书《冰鉴》里，对容貌的解释是分开的，容是指身体，貌是指面相。无论是人的身体还是面相，多数是由父母的遗传基因决定的，可以说容貌从生命诞生的时候就已经注定了。但是，在现代社会，一个人的容貌不应该单单指身体和面相，还应当包括神情、衣着、举止等。

什么是神情？

神情是指从面部显露出来的一种表情，它能表达出一个人的内心活动，因为神情会变化，所以在别人眼里，高兴的你和生气的你是不一样的。

爸爸妈妈发现大米粒最近照镜子比较频繁,而且每次照完镜子都是一脸的沮丧。

既然人们都长着两只眼睛、一个鼻子、一张嘴，可是为什么有些人一眼看过去就让人觉得美，有些人却让人感觉很普通?

首先，我们要知道，美与丑并没有一个统一标准，不同时代对容貌的审美标准不同。比如，唐朝的时候觉得胖是一种美，到了宋朝呢，却觉得瘦比较美。即使在同一时期，我们对容貌的感受，也与我们从小接受的教育、接触的美丑概念有关。有人觉得大眼睛、双眼皮漂亮，自然就觉得小眼睛的人长得不漂亮，可是也有人觉得小眼睛好看，所以说，美与丑只是一个人的主观感受。

我们在评价一个人时，长相只是一个外在条件，我们更应该注重这个人的内涵。我们伟大的先贤孔子也曾犯过以貌取人的错误。孔子有个叫子羽的学生，因为体态和相貌都很丑陋，孔子便觉得他没有学习的潜质，因而冷落了他。可是子羽并没有因孔子的漠视而灰心，反而勤学苦修，最后学有所成，还自己设立了书院，许多学生都来听他讲学。孔子后来感叹道：“我只凭相貌来判断人，看错了子羽！”

这么说，容貌似乎并不重要了？

我们虽然不能以貌取人，但是不可否认，外在形象却是给人留下第一印象的关键。对美好事物的关注和喜爱是人与生俱来的，当别人不了解你的内在时，外在的样貌就显得比较重要。一个外表美丽端庄、衣着得体大方的人，至少第一印象不会让人觉得讨厌。

可是人的样子不能像毛毛虫变蝴蝶一样变化啊！

人的容貌各不相同，就像是世界上有各种各样的花，有的花朵颜色艳丽，引人注目；有的花朵颜色浅淡、花形单一，看起来很不起眼，但是它们却有比深色花朵更浓郁的香味。每种生命都有展示自己的方式，人的容貌虽然是天生的，但是人的自信、大方、热情等却能为容貌添彩。

跟着小小哲学家学哲学

欣赏美好事物是人的本能，但是正如作家奥斯特洛夫斯基所说：“人的美并不在于外貌、衣服和发式，而在于他的本身，在于他的心。要是人没有内心的美，我们常常会厌恶他漂亮的外表。”所以，如果一个人已经拥有了美丽的容貌，那他就应该让自己的内心和容貌一样的美丽；如果只是拥有普通的容貌，那他就应该通过学习不断地丰富自己的内心，努力将自己塑造成一个优雅、大方、得体的人。

第二篇

成长像树木一样坚韧

1 我们为什么要学习？

周一早上，正在做美梦的小豆豆被闹钟吵醒后，迷迷糊糊间他突然想到了一个问题。

学习是一种本能。每个人刚出生的时候，对什么都不了解。到了婴幼儿时期，知道了常吃的食物叫什么名字，身边的小动物有什么特性，什么东西我们可以触碰，什么东西我们要远离……这些最基本的生活常识，都是来自向父母、身边的人日积月累的学习。所以，学习是认识世界最根本的途径。

孔子曾说过，“学而时习之，不亦说乎”。孔子认为经常学习，并且将所学的知识运用到实践中，是一件非常快乐的事。现在有些人不喜欢学习，主要是因为没有找到学习的乐趣，没有把书本上的知识和生活实践联系起来，没有体会到知识带来的力量和改变。

其实，“学”和“习”是有不同的意思的。一般认为“学”就是效仿，如照着妈妈学习做饭；“习”是指把“学”到的东西进行实践，如反复练习做饭。孔子也认为，“学”是一个认识的过程，“习”是一个巩固的过程。要想获得更多的知识，必须将“学”与“习”统一起来。就像我们学习跳舞，老师教动作后，我们照着做，是“学”，课后反复地跳，是“习”。所以“学”和“习”是密不可分的。

《三字经》里提到："人不学，不知义。"唐朝诗人孟郊也在《劝学》中写道："人学始知道，不学非自然。"这里所说的"道"就是指事物的法则、规律，也就是我们现在所说的知识、道理。他劝告大家，人只有通过学习，才能掌握知识、知道人生大道，如果不学习，知识和道理是不会从天上掉下来的。可见学习对人的重要性。

那天才是不是不用学习？

人们所说的天才，是指那些有天赋的人。所谓天才，只是他们学习起来比普通人更快、更容易一些。以前有个叫方仲永的人，小的时候天资聪颖，是个天才，可是却没有好好上学读书，后来反倒成了庸才。大文学家王安石便根据他的故事写了一篇文章名为《伤仲永》，告诫大家即使是天才，也要不断地努力学习。

学习除了能让我们认识事物，掌握一些本领外，还能用来干什么呢？

学习不光是学习前人总结的知识技能，还要学习他们的思想、经验和教训。这样可以让人变得明白事理，在生活中遇到问题的时候，也可以找到更好的解决方法。比如，我们学习了王安石的《伤仲永》后，就会感悟到像仲永这样天资聪明的人，因为后天没有努力学习，最后成了一个平庸的人。那么，对于大多数的普通人来说，是不是更应该好好学习呢？

跟着小小哲学家学哲学

对于个人来说，学习可以增长学识，开阔眼界，让自己变得聪明、智慧，从而对事物有准确的判断力，坦然面对生活中的对错和得失。一代又一代的人学习前人留下的知识，相当于站在巨人的肩膀上，帮助我们看得更高更远。我们通过不断地学习，积累的知识会越来越多，文明的发展也会越来越快，生活也将变得越来越美好！

2 追求自由有错吗？

最近，小豆豆迷上了魔法。他用报纸做了一个尖尖的帽子，拿着一个扫把，还披上床单，把自己装扮成一个会魔法的巫师。

其实吧，每个人都希望自由自在地生活，不受任何约束和限制。为啥大家都想要自由呢？因为自由会给我们带来内在的舒适与和谐。所以，追求自由是没错的。

就拿诗仙李白来说吧，他为了追求自由的生活，放弃了做官的机会，选择了自由自在地游历四方，过洒脱的生活。还有陶渊明，他不愿意为了五斗米而折腰，他更喜欢在山水田园间寻找自由。他们都是按照自己的心愿去生活的，这就是追求自由。不过，虽然他们追求的是精神上的自由，但在现实生活中，他们还是要遵守当时的社会秩序的。

这种行为真让人气愤。

自由并不是说可以随心所欲。就连孔子也说：“七十而从心所欲，不逾矩。”意思是说他到了七十岁的时候，可以按照自己的内心想法，去做一些自己喜欢的、想做的事，但这种随心所欲依然是以遵守规则为前提的。规则包括法律法规和约定俗成的道德规范。

自由就像是一张纸，纸的正面是无拘无束的权利，纸的背面是不损害他人利益的义务。没有义务的权利是不存在的，既然在图书馆享受着看书的权利，那遵守图书馆的规则就是义务。

这么说，制定规则就是为了限制自由吗？

如果从人生来就有自由这一点来说，学生几点到学校上课是学生的自由，但是一个学生迟到，就会打断一次老师的正常授课，让别的同学获取知识的自由受到了影响。这种因为个人的原因损害了别人自由的“自由”，当然应该被限制。所以，规则的制定并不是为了限制自由，而是为了保障自由不被侵害。法国哲学家卢梭说过，“没有约束的自由不是真正的自由”。风筝之所以能在天上飞，是因为有线的约束；火车需要沿着铁轨行驶，才可以安全到达目的地；飞机在广阔无垠的天空中，也要按既定的航线飞行，才不至于迷航。

世界是有秩序的，如果每个人都以追求所谓的自由为借口随心所欲，就会破坏秩序，使世界陷入混乱。就像一个人走在十字路口，刚好是红灯，可是这个人觉得走路是自己的自由，不应该被限制，所以他无视红灯继续往前走。结果本该正常行驶的车辆被迫停下，引起交通拥堵，甚至引发车祸。这就是人们要遵守秩序的原因。

所以说，人是没有绝对的自由吗？

自由是有限制、有条件的。法国哲学家卢梭说，“人生而自由，却无往不在枷锁之中”。意思是说人生来就是自由的，但又不是完全自由的。不过人类的思想是绝对自由的。中国哲学家庄子就是一位追求绝对自由的人，他虽然生活困顿，但安贫乐道，著书立说，不改人生志趣与追求。

跟着小小哲学家学哲学

真正的自由，从来不是随心所欲，而是知道自己应该干什么、不能干什么。我们生活在社会上，不可以没有自由，但也不可以没有规则。自由和规则既是对立的又是统一的。自由是在规则约束下的自由，如果没有这种强制性的规则，自由也就无法实现。

3 成绩好就是好孩子吗？

周末的时候，天气晴朗，大米粒的妈妈和几个同事相约带孩子们去城郊的度假村玩。度假村依山而建，中间有一条小溪穿过。大人们坐在一起聊天，几个孩子到小溪边去玩。可是没过多久，大米粒带着哭泣的小豆豆就来找妈妈了。

我学习成绩不好，就不是好孩子吗？

当然不是啦！其实，学习成绩只是告诉我们这个人在某个阶段学到了多少知识，但并不能决定他是不是个好孩子。那些认为成绩好就是好孩子，成绩差就不是好孩子的观念，实在是太片面了。评价一个大人可不能只看他有没有钱哦，同样的，评价一个孩子也不能光看他的成绩。

那什么样的孩子才算是好孩子呢？

关于什么样的孩子才是好孩子这一问题，从来都没有一个统一的标准答案。有人说懂事的是好孩子，有人说聪明的是好孩子，有人说爱做家务的是好孩子，有人说孝顺的是好孩子，每个人对好孩子的定义都不同，但有一点是相同的，好孩子的身上肯定有着良好的品质。

大家在评价这几个孩子之前，并不知道这些孩子的学习成绩如何，他们之所以觉得这些孩子是好孩子，是因为从这几个孩子身上看到了热心、乐于助人、爱护环境、心地善良的品质。所以，对于一个人来说，表现出的优良品质才是最重要的。

这么说，学习成绩就不重要了吗？

当然不是啦！学习是探索新知识、了解世界的过程，唐代文学家韩愈都说了，“书山有路勤为径，学海无涯苦作舟”，说明学习这事儿可不容易。历史上，只有勤奋好学、有进取心、努力的人才能取得好成绩。所以，大家普遍认为学习好的孩子就是好孩子。

可我的学习成绩不好，也不够勤奋，那我就不是好孩子了吗？

知道自己哪里不足也是一种优点啊，这样也能算是好孩子吧。

这个世界可是五花八门的，人也一样。勤奋的人不一定有爱心，有爱心的人不一定很努力，努力的人也不一定很聪明。就像花园里的花，有的颜色艳丽但没香味，有的花香浓郁但花形单调。世上的花没有绝对的好坏，孩子们也一样。

你说王丽是不是好孩子呢？虽然她成绩优秀，但她不愿意为生病的邻居王奶奶送粥。其实，我们不能只从一方面去评价一个人，一方面好并不代表她就是好孩子，一方面不好也不代表她不是好孩子。

要做个好孩子也太难了！

不，做个好孩子其实很简单。清代著名文人纪晓岚对孩子的要求是“四戒”“四宜”。“四戒”：一戒晏起，即晚起，二戒懒惰，三戒奢华，四戒骄傲；“四宜”：一宜勤读，二宜敬师，三宜爱众，四宜慎食。所以，如果一个孩子能够做到早起、勤快、简朴、谦逊，还能勤奋读书、尊重老师、爱护天地万物、规律饮食，他基本上就是好孩子了。

跟着小小哲学家学哲学

“好孩子”是一个综合的体现，每个孩子都无法做到十全十美。所以，能够接纳自己的不完美，通过读书学习，提升自己的修养，让自己成为一个心存善意，尊重生命，有责任和担当，有良好的生活习惯，不伤害别人，给人以阳光温暖的孩子，便是好孩子。

4 拥有越多越幸福吗？

大米粒的同学罗果果过生日，邀请同学们去家里玩。罗果果的家是两层大别墅，院子里有个大大的花园，还有缠绕着青藤的秋千。最让同学们羡慕的是，罗果果有一间书房，里面除了放着书，还有各种各样的玩具。

幸福是一种快乐、甜蜜、美满的感觉。当人们觉得生活称心如意、心情舒畅的时候，就会产生一种让人身心愉悦的感觉，这种感觉便是幸福感。一般情况下，富足的生活的确会让人觉得幸福，因为满足生活所需的条件会让人觉得踏实、安心。

所以说，拥有的越多就越幸福吗？

不一定！幸福感和个人的追求有关系。对于一个追求物质的人来说，自然觉得拥有的越多，生活越富足，他的优越感越强，幸福感就越高。但是，如果一个人追求的是精神层面的东西，那么他对物质的需求就不会太高，即使生活困顿，他也会觉得怡然自得，这也是一种幸福感。

孔子的弟子颜回，住在简陋的小屋里，用水瓢喝水，用小竹篓吃饭，别人看了都觉得他这种生活太穷困、清苦了，认为这种生活也称不上幸福。可是，颜回却不觉得苦，反而自得其乐。对于颜回来说，有书读，有学问做，就是幸福的事。

这个人看上去不太幸福。

物质生活富足会增加幸福感，但过分追求物质，把太多的精力投入对金钱、名利的追求上，就容易意识不到除了金钱和名利以外，能给人带来幸福的东西还有很多，因此忽略了生活中一些重要的东西，如亲情、友情。即使以后拥有了大量的财富，也会发现自己似乎并没有想象中的幸福。

有爸爸妈妈，还有大米粒爱我，我就觉得幸福！

现代社会一般认为，幸福感主要来自三个方面，分别是物质、情感、精神，同时拥有这三样的人，无疑是幸福的。但是，生活不可能都按照我们的意愿发展。不过，当我们的物质生活匮乏时，我们还有情感和精神，它们会引领我们走向幸福。

幸福其实就在我们身边，只是有些人感觉不到。感觉不到幸福的人，并不是因为他拥有的少，有时候可能是拥有的太多了，以至于觉得一切都是理所当然的，对别人的付出视而不见，从而失去了感恩之心。没有感恩之心的人，很难感到幸福。相反，一个能看到这个世界的美好和善意的人，总能感觉到生活处处有温情，时常充满幸福感。

幸福感很重要吗？

当然！美国思想家爱默生说：“一个人对世界最大的贡献，就是让自己幸福起来。”充满幸福感的人，他们会热爱这个世界，热爱生活，为了实现自己的价值，积极、乐观地对待生活，对周围的人和事也保持着最大的热情与善意。

有人觉得“坐看云卷云舒，静听花开花落”是一种幸福，也有人觉得“长风破浪会有时，直挂云帆济沧海”是一种幸福。有人觉得顺利完成工作是一种幸福，有人觉得和家人在一起就是幸福，有人觉得为社会做贡献是幸福……每个人对幸福的感知是不一样的，所以，幸福就在每一个人的心里，幸福的生活没有固定的模式与统一的标准。

跟着小小哲学家学哲学

幸福并不是遥不可及的，也从来不需要被施舍，幸福的感觉只有自己知道。当你知道自己想要的到底是什么，所做的事出于内心的真实想法，无论贫富贵贱，只要不被欲望驱使，你就会发现，生活中处处有幸福。幸福不是拥有的多，而是内心丰盈充足、笃定从容。

5 努力就一定能成功吗？

大米粒要参加班长竞选，班长竞选有一个演讲环节，就是要通过演讲，让大家对参与竞选的人有个全面的认识，看看他到底能不能胜任班长一职。所以，大米粒这些天都在准备竞选演讲的事。

有时候，为了达到一个目标，我们愿意投入自己的全部精力，并朝着这个目标不懈努力。这个过程很辛苦，也需要付出很多，但因为怀有期待和希望，所以乐在其中，这是一种积极的人生态度。

古往今来，许多优秀的人取得的成就，都离不开自身不懈的努力。正如歌词中写道："不经历风雨怎么见彩虹，没有人能随随便便成功。"可见努力对成功的重要性。努力，有时候靠热情，但更多的时候是靠坚持。但是，就像所有的梦想不一定都能实现一样，所有的努力也并不是都能换来成功。

一直以来，大多数人认为，只要我们足够努力，就一定能成功。就连牛顿都说："无论做什么事情，只要肯努力奋斗，是没有不成功的！"但事实上，努力的人有很多，相对来说，成功的人却只是少数。这是因为成功需要具备许多的因素，如选择的方向、机遇、思维、眼界，等等，而努力只是其中的一个因素而已。

这个寓言故事叫《南辕北辙》，出自《战国策·魏策四》。如果把到达楚国看作成功的话，那么跑得快的马和足够多的路费都可以说是为了获得成功所付出的努力。但是，这样的努力真的能带来成功吗？答案是肯定不行的，不但不行，反而会离成功越来越远。

我是朝着正确的方向在努力啊，我认真准备了演讲。

通过竞选班长这件事情，能树立信心、勇于尝试，这些都是值得肯定的品质。你很努力，为竞选演讲做了充分的准备。可是竞选班长并不仅仅需要一场精彩的演讲，更需要脚踏实地地为班集体做事。

唉，不管怎么说，我的努力是白费力气。

努力是一种对待学习、工作、生活的积极态度，在这种态度的影响下，人会不断地完善自己、提高自己。有时候努力过，却没有达到预期的目的，这也不能说努力是白费力气。因为努力虽然不一定能成功，但不努力，就一定不能成功！

好运留给有准备的人。大米粒的好运不是从天而降，而是他曾经夜以继日地查资料、写讲演稿、一遍又一遍地练习这些努力换来的。这就是努力的意义。

跟着小小哲学家学哲学

努力能潜移默化地影响一个人，无论最后能不能取得成功，努力的人生态度已经是收获到的宝贵财富。不是所有的努力都能获得成功，但不努力，肯定不能取得成功。所以，我们要做到的就是好好努力，然后坦然接受结果。

6 该不该说谎？

星期一早上老师检查作业的时候，小豆豆才想起来，自己周末的时候只顾着玩，忘记做数学作业了。看到老师让没有完成作业的同学罚站，小豆豆灵机一动。

可是让小豆豆没有想到的是，晚上的时候老师给小豆豆妈妈打了电话。

日常生活中，有些人为了逃避惩罚，会编造一些谎话来骗过对方。人们把这种说假话、不真实的话叫作说谎。说谎是一种不好的行为，虽然可以暂时逃避惩罚，但谎言迟早会被揭穿，当谎言被揭穿的时候，同样会受到惩罚。

其实小豆豆应该庆幸自己的谎言现在被揭穿。因为往往随口说出的一个谎言，之后需要用更多的谎言来掩盖，有时候一不小心，自己说的话就会前后矛盾，引起别人怀疑，谎言就不攻自破。

有些谎言看似无关紧要，不会造成严重的后果，但是如果养成经常说谎的习惯，人们听多了他的谎言，就不会再相信他说的任何话。“说谎话的人所得到的，就只是即使说了真话也没有人相信。”这句话说的就是这个意思。

“狼来了”是一个关于说谎的典型故事，这个故事告诉人们，经常说谎的人，最终会付出代价。还有历史上著名的“烽火戏诸侯”，周幽王为了博取自己的爱妃一笑，屡次点燃烽火，谎报军情，导致诸侯对他不再信任，最后当敌军真的入侵时，没有诸侯前来相救，最终自食苦果。

陷入信任危机，是说谎要付出的最大代价。《诗经》里有一句话：“无信人之言，人实不信。”意思是没有信用的人说的话，就算是实话也没有人会相信。所以，要让他人相信自己，就必须做诚实的人。

所以说，人一定不能说谎，是吧？

对对对……唉，早知道我就实话实说，也就被罚站一会儿，现在却一周都不能看电视。

这个世界上没有绝对的事，可不可以说谎也要分情况。有时候出于善意，说一些和事实不符的谎话，如大夫告诉病情严重的患者，他的病情不严重，很快会好起来，虽然是谎言，但不会给患者造成伤害，反而能减轻患者的心理负担，这种谎言叫“善意的谎言”。生活中，这种“谎言”一直存在。

那我们到底能不能说谎呢？

卢梭说：“为自身利益撒谎，那是冒骗；为他人利益撒谎，那是诈骗；为了陷害而撒谎，那是造谣中伤；诸如此类都是最坏的撒谎；而对自身和他人都无害亦无利的撒谎，那不算撒谎。那只是虚构而不是撒谎。”所以，能不能说谎要看说谎的动机和目的。

跟着小小哲学家学哲学

谎言的产生，一开始就具有深刻的社会性，时至今日，对于该不该说谎，是否所有的谎言都应该受到相应的惩罚，依然没有一个绝对答案。但有一点是肯定的，我们虽然反对说谎，但善意的谎言是应该存在的。中世纪著名的哲学家奥古斯丁也对能给他人带来幸福的几种谎言表示谅解。

7 好人和坏人有评判标准吗？

小区里经常会出现流浪狗，小区里的孩子们都喜欢拿吃的去喂这些流浪狗。可是最近孩子们发现，小区里的流浪狗突然都不见了。原来，是保安大叔加大了巡查力度，把流浪狗都赶走了。

明明是同一个人，为什么有些人认为他是坏人，而有些人认为他是好人呢？

因为一个人的好与坏，都是别人评价的，而每个人的立场不同，看问题的角度不同，所以得出的结论也不同。小孩子们觉得保安是坏人，是因为小孩子们思想简单、善良，认为流浪狗可怜，驱赶它们就是做了坏事，做坏事的人当然是坏人了。但是对于家长们来说，担心流浪狗身上带着细菌，而且还有可能会咬伤孩子，保安驱逐流浪狗是为了孩子的安全考虑，所以觉得保安是好人。

那保安叔叔到底是好人还是坏人呢？

评价一个人的好与坏，首先要全面了解这个人，如果只是通过某一件事，或者看到的某一个方面，就得出结论，那评价肯定是不准确的。

我懂了，意思就是说，如果有一个苹果，在没有品尝过之前，只看外表，你永远不知道它是甜的还是酸的。

对。但是，你觉得甜，它就是甜的吗？你觉得酸，它就是酸的吗？

每个人对苹果的甜与酸感觉都不一样，何况评判一个人的好与坏。所以，一个人的好与坏其实只是评价者站在自己的角度得出的结论。这也是为什么你眼中的“好人”，在别人的眼中可能就是“坏人”。

难道就没有什么都好的好人和什么都坏的坏人吗？

什么都好的好人，那就是绝对的好人，但是这个世界上本来就没有绝对的事，所以说，也不可能有绝对的好人和绝对的坏人。一般来说，只要品行端正、心地善良、乐于帮助他人、不故意伤害他人的人，我们都可以称之为好人。而那些为了自己的利益伤害他人的人，就是坏人。

青虫是蝴蝶的幼虫，因为青虫以菜叶为食，所以人们认为它是害虫。但是当它们蜕变成蝴蝶后，却因为可以传授花粉，成为益虫。有的人小的时候调皮捣蛋，是有些人眼中的坏孩子，可是长大后却成为对他人、对社会有帮助的好人；有的人小时候很懂事，但长大后却变成人们眼中的坏人。

《悯农》这首诗的作者李绅，在没有做官之前，体恤百姓，生活节俭，是人们心中的好人。但是他做官之后，却开始贪图享受，生活奢侈，铺张浪费，成为一个滥用职权的坏人，最终落得“削绅三官，子孙不得仕”的下场。所以说，一个人只有不忘初心，永远善良、正直，才能成为一个对人民、对社会有用的好人。

大家眼中的好人，就一定是好人吗？大家眼中的坏人，就一定是坏人吗？关于如何辨别好人、坏人，孔子的见解是：一个人，如果全乡的人都喜欢他，他也不一定是好人；如果全乡的人都憎恶他，他也不一定是坏人；但如果乡里的好人都喜欢他、坏人都憎恶他，那他一定是个好人。

跟着小小哲学家学哲学

世界上没有一成不变的事情，对于复杂的人性来说，人的思想、行为都会随着时间的变化、事件的发生有所改变。好人与坏人都不过是不同人眼中有局限性的一种看法，我们要做的，就是不轻易去定义一个人，更不要被别人轻易定义。

第三篇

思想像天空一样广阔

1 人为什么会改变？

小豆豆过生日的时候，舅舅带表姐和小表妹来大米粒家里玩。表姐只比大米粒大几个月，两个人小时候只要在一起玩，就会为了争夺玩具吵闹不休。而小表妹和小豆豆年纪差不多。

舅舅送给小豆豆的生日礼物是一个变形玩具车。

善变的意思是易变、改变，变得和以前有些不一样了。这个世界上万事万物本来都是变化的，所以人的喜好当然也是会改变的，这是很正常的事。试想，如果一个人从小到大只喜欢玩玩具车，他的一生会是个什么样呢？其实，改变预示着成长，贯穿着人的一生！

人不光是喜欢的东西会变，人的思想和行为方式也是会改变的！小的时候，以为自己就是世界的中心，所有的东西都应该是自己的，但随着年纪的增长，接触的事物越来越多，眼界越来越开阔，在与人的相处中，言谈举止之间就会发生一些改变，比如知道了分享，懂得了宽容。改变是成长赋予每个人更好地面对生活的一种能力！

以前觉得好的人，通过一件事突然觉得他并不好，从而改变了对他的态度，这就像一个喜欢吃糖的孩子，突然知道了糖是好吃，但是吃多了牙齿会痛，从而不再多吃糖一样！改变意味着对某一个人、某一个东西有了新的认识，这是有积极意义的。

有没有从来不会改变的人呢?

世界上没有一成不变的人和事物，社会在进步、事物在发展，而人的一生，又是不断学习、接受新鲜事物的一生，改变无处不在！那些从来不会改变的人，是不存在的。

看，小豆豆的改变就来自学识的增长。每当一个人的认知从一个层次上升到另一个层次，他的思想首先会有所改变，然后思想会指导行动，这时候表现出和以前的不同，就是改变！正是我们一次次的改变，让我们变得越来越好。

所以说，随着学识的增长，人是会越变越好吗?

这倒不一定……人的一生中，学识的增长、外界的影响，都会让人的思想和行为发生改变，既然是改变，那就是有可能变好，也有可能变坏！比如“凿壁偷光”的匡衡，在经过一番奋发图强之后，终于入朝为官，并且官至丞相。学识让他满腹经纶，却无法阻止他最后变成一个贪官。当然，只要树立正确的人生观、世界观、价值观，做个内心强大而坚定的人，那么面对不好的影响，就不会被不良的事物影响。

跟着小小哲学家学哲学

量变会引起质变！如果学识的增加是量变，那思想的改变就是质变，很显然，我们的学识在达到一定的程度后，思想就会随之改变。改变意味着不墨守成规、不按部就班、不循规蹈矩，但也绝不是顺波逐流、无的放矢。改变应该有一定的目的性和原则性，改变应该是改掉不好的观念、思想、行为方式，向着比原有的生活状态更好的方向发展，这才是改变的意义所在。

2 老师和父母说的就一定是对的吗？

自从上了五年级，功课越来越紧张了，大米粒的考试成绩也是一次不如一次。爸爸妈妈有些着急，在和老师沟通一番后，他们决定听从老师的建议，不再让大米粒上周末的篮球班了，而是腾出时间在家里做习题。

老师、父母作为成年人，有着丰富的人生经历和经验，他们的学识和见识都要比孩子们广阔，所以在一般情况下，他们说的是有道理的。就像大米粒这种情况，如果能兼顾学习和爱好当然最好，但是毕竟一个人的精力是有限的，作为学生，首要的就是学习。

所以说老师和父母说的就一定是对的吗？

当然不是。老师和父母都是人，没有人永远是对的，圣人也有判断失误的时候。孔子有个叫宰予的弟子，因为时常对孔子主张的思想提出异议，所以孔子非常不喜欢他，还责骂他是“朽木不可雕也”。但是，宰予正是因为思想活跃，好学深思，最终入选“孔门十哲”。

虽然现在看，孔子守孝三年的想法有点过时了，但如果我们站在他的角度想想，他那时候是多么想让社会变得有序有礼啊！他的想法在当时来说，其实是挺有道理的。就像老师和父母对我们说的话，有时候也会因为经验有限，有些局限性。

这是一个真实的事例，正是因为这个孩子敢于对老师讲的课提出质疑，并且通过仔细观察，推翻了生物学一直认为的蜜蜂发音靠的是翅膀振动这一错误“常识”。这一事例就充分说明，老师讲的不一定都是正确的，在遇到疑惑的时候，同学们要主动思考，敢于说出自己的想法。

如果觉得老师和家长说的不对，我们是不是可以不听?

大多数的老师和父母都是通情达理的，能够和孩子进行很好的沟通。不过成年人的辨别力是通过受到的教育、经历的失败、遇到的挫折总结出来的，他们提出的意见和建议对孩子来说，是有非常重要的指导作用的，我们一定要认真听取他们的意见。

跟着小小哲学家学哲学

老师和父母不总是对的，但我们在十八岁之前，还是属于未成年人，没有为自己行为负责的能力，父母作为监护人，对孩子有监管的权利和义务，老师也负有传道、授业、解惑的责任和义务。所以，作为孩子，应该听老师和父母的话。但是，同时也要保持自己独立思考的能力，对父母和老师说的不对的地方，要大胆地提出来，并说出自己的想法。

3 我们为什么要有时间观念？

每天早上，小豆豆都是在妈妈一遍又一遍的催促声中起床，在妈妈的催促声中吃早饭，在妈妈的催促声中背上书包匆匆出门……可即使这样，小豆豆还是会经常迟到。终于有一天，爸爸对妈妈说，这样下去是不行的，必须要改变小豆豆这种拖拖拉拉的习惯。

时间是人们根据自然事物发展变化的特点创立的一个概念。虽然时间是看不见、摸不着的，但我们可以看到白天黑夜的交替、一年四季的变化，所以，我们常说的时间便是来自人类观察感知到的自然时间或物理时间。有些孩子之所以会拖拖拉拉，是因为他们没有时间观念，不知道对于一个人来说，时间是有限的，是不会一直存在的，过去了就不会再有了的。

时间对于每一个人来说，每天都是24小时，在任何情况下不会增加，也不会减少，而且时间是没法保存的，不管你今天有没有做什么，今天过去了，今天的24小时就不会再有了，而且永远也不可能再回来了。要知道，如果没有时间了，什么事也就干不了了！

今天的时间没有了，还有明天的时间啊！

对，今天过去了，还有明天，但是，明天的时间属于明天，今天的时间是再也不会重来了。古希腊哲学家赫拉克利特说：“濯足长流，抽足再入，已非前水。”意思就是说，你在河水中洗脚，当你把脚从水里抬起来，再次放进水中的时候，脚下的水已经不是以前的水了！以前的水已经流走了。时间其实就像河流，流过去了，再流来的，已经不是原来的时间了！所以一定要合理安排时间，做一个有时间观念的人。

有时间观念有什么好处呢？

好处肯定有好多了……比如有时间观念的孩子，上学不会迟到！

有了时间观念，我们就可以合理安排自己的时间，这样既不浪费自己的时间，也不会浪费别人的时间。就像上学迟到这件事，老师已经在讲课了，你迟到了喊报告，打断了老师的讲课，就是浪费了大家获得知识的时间。这也是大家不喜欢不守时的人的原因。

守时不仅是一种态度，更是一种品质。在人与人的交往中，守时是对彼此的尊重，而且一个守时的人给别人的感觉是诚信可靠的。鲁迅先生有一句名言:“生命是以时间为单位的，浪费别人的时间等于谋财害命;浪费自己的时间，等于慢性自杀。”自己不守时，让别人等待，这是对别人的不尊重，也会让别人觉得你不靠谱。

按时到达约定好的地方，是人与人交往的基本规则之一，但在日常生活中，难免会因为某些无法预料的情况出现迟到现象。如果估计自己要迟到了，就要及时通知对方，告诉对方自己可能要迟到一会儿，如果当时不方便告知，那就等到了后一定要表达自己的歉意，不能认为迟到是理所当然的。

跟着小小哲学家学哲学

“盛年不重来，一日难再晨;及时当勉励，岁月不待人”，时间是珍贵的，也是易逝的，但是只要我们有时间观念，科学地安排时间，不把时间消耗在无所事事和无意义的等待中，生活就会过得从容而有意义。

4 我们为什么要信守承诺？

上个星期天的时候，大米粒和肖晓约定两点半在公园门口见面，两人一起去荷花池喂鱼，由于路上突然堵车，大米粒想着要迟到了，好在交警及时疏通了交通，大米粒总算是没有迟到。可是他在公园门口等了半个多小时，也没见到肖晓来，大米粒十分恼火。星期一到学校后，大米粒去找肖晓。

失约的意思是没有履行约定的事项，肖晓同学确实是失约了，但是，他之所以会失约，就在于他不信守承诺，说过的话不算数。在肖晓看来，这次失约并没有造成什么后果，就是没有和好朋友去喂鱼罢了，其实，他这种不信守承诺的行为，会让别人逐渐对他失去信任。

说话不算数，就是不信守承诺。一个不信守承诺的人，很难让别人再对他产生信任。

这是明朝时期刘伯温写的《郁离子》一书里的一个关于失信的故事，咱们先不说这个商人有多倒霉，也不说救人该不该收钱。重要的是，这个故事告诉我们，做人一定要守信用。商人答应别人的事，就应该做到，可他没有做到。所以啊，当他再次落水时，没人愿意救他，这也就不奇怪了。

对，就像自从肖晓那次失约后，我是再也不想和他一起玩了！

所以说话算数的人才有朋友吗？

说话算数的人不光有朋友，而且他信守承诺的品质可以增加他的人格魅力！

这就是历史上著名的晋文公退兵得城的故事，城中的人之所以愿意献城投降，是被晋文公信守承诺的品德感动了。所以，说话算数、信守承诺的人，自有一种无形的力量，被大家拥护、尊重。也正因为如此，古往今来，信守承诺的品格一直被崇尚。

这位为了给孩子做出信守承诺的榜样而杀猪的人叫曾子，他是孔子的弟子。曾子用自己的行动教育孩子做人要言而有信。当然，并不是所有的人都能做到信守承诺，也有人言而无信。

跟着小小哲学家学哲学

信守承诺是一种人生态度，更是一种践行行为。“言必行、行必果”是每个人都应该具备的道德准则，也是应该遵循的行为准则。但是，并不是什么事都能做到信守承诺。所以不要轻易许诺别人，如果许诺，也一定要在自己的能力范围内，而且一旦答应了，就应该尽量做到，若是遇到实在不能做到的事，也要诚心诚意地向对方道歉或解释，尽可能地请求谅解。

5 看到的一定是事实吗？

这个周末，爸爸带大米粒和小豆豆去乡下看望奶奶。奶奶家门口有一块奇特的大石头。这块石头有好多个面，而且每个面都是平平整整的，像是有人刻意用刀削的一样。小豆豆最喜欢趴在石头上玩耍。

地面上的、眼睛看得见的，确实可以数清，可是埋在泥土里的、看不见的，就不存在吗？当然不是！就像是对某一个人的了解，也是源于我们平时所看到的一部分表现。所以，就像在没有看到完整的石头前，不可能知道石头有几个面，在对一个人没有全面的了解前，也不要轻易对一个人下结论。

人们常常喜欢以自己看到的“事实”来对一个人作出评价，那看到的究竟是不是事实呢？就这件事来说，老师看见学生上课睡觉的确是事实，但孩子是不是“朽木不可雕”这个“事实”呢？要知道，孩子是因为晚上在医院照顾妈妈，第二天才会打瞌睡的啊。所以，对于看到的究竟是不是事实这个疑问，我们可以这样理解：眼睛看到的是事实，但并不是全部的事实！

这是发生在孔子和弟子周游列国时候的事，当时大家已经七天没有吃饭了，好不容易找到点米做了点饭，孔子看到颜回抓了一把先吃了，自然就会认为他是太饿了才偷吃。不过圣人毕竟是圣人，他知道颜回“偷吃”的真相后，勇于承认错误，他还对弟子们说：“我们大家平时都觉得眼见为实，我现在才知道，眼睛看到的也不一定就是事实啊！”

那怎么样才能知道事实是什么样的呢？

事实啊，它就是事情的真实情况，不是表面看上去那样。得深入了解才能知道真相，如果只凭眼睛来判断，很可能会产生误会，甚至还可能上当受骗呢！

《三国演义》里，司马懿看到诸葛亮在城楼上弹琴，就以为城里埋伏了重兵。但其实呢，那城根本就是空的，没几个人。诸葛亮这招骗得司马懿团团转，大家都觉得特别有意思。这也告诉我们，有时候亲眼看到的也不一定就是真的，还可能是别人设的陷阱呢！

在日常生活中，仅靠一时所见，就评论这件事怎么样，这个人怎么样，就像在没有了解猫头鹰的作息时间的情况下，只是看到猫头鹰睡觉，就给猫头鹰戴上一顶“懒”的帽子一样，是很有局限性的，这样往往容易造成误解。要想避免这种误解，必须用心思考眼前看到的这一幕之所以会发生的原因。

跟着小小哲学家学哲学

眼睛看到的是现象，现象是事物的外部联系，人可以用感官直接感知；而事实的真相是本质，本质是事物的内部联系，只有靠理性思维才能把握。社会是复杂的，人心更是莫测，在生活中，谁也不可能把自己的全部情况暴露在众人面前。对人和事的了解，也只能通过所见所感。虽然亲眼所见未必就是事实的真相，但是，只要我们多观察，多思考，消除心理上的偏见，不要先入为主地认为好还是不好，不轻易下结论， 还是可以通过现象能看到本质的。

6 少数为什么要服从多数？

大米粒班上要举行一次社会实践活动，有两个方案，一个方案是去海洋馆，另一个方案是去植物园，老师征求同学们的意见。有的同学主张去海洋馆，有的同学说应该去植物园，一时之间吵得不可开交。

大米粒是想去植物园的，可是现在他是属于“少数”，没办法，只好服从。

所谓少数服从多数，就是遵循“按照多数人的意见做出决定”的原则。在生活中，当某个集体人数比较多，需要共同做出一项决定时，因为每个人的出发点和利益点不同，导致意见在短时间内无法达到一致，这时候，一般会采用少数服从多数的原则。

还可以这样啊？

又是少数服从多数！少数为什么一定要服从多数呢？

因为在一个集体里，不可能人人都能被顾及，只能最大限度地保障多数人的意愿和利益，这时候，少数人就只能妥协。虽然看似少数人的利益受到了损害，但是也因为在短时间内达成了共识，下一步的行动就会很快实施。

那少数人的意见就不重要了吗？

对需要集体共同做出的决定来说，少数人的意见可能没有多数人的意见重要。但是，人作为一个独立、有思想的个体，有自己独到的思考和理解能力，是非常重要的。即使是一小部分人，或者只有一个人，只要他的思想是先进的，也可以对社会做出创新和改变。也正是因为有少数人坚持了自己独到的思想见解，从而引领社会不断向前发展。

在中世纪，整个西欧都奉行宗教神学，几乎所有的人都相信世界万物都是由神创造的。这个时候，达尔文提出了进化论，认为所有的物种的改变都是自然进化的结果，可想而知，在当时神权统治的思想下，达尔文无疑是少数。但是，事实证明他是正确的，时至今日，他的大多数观点仍然被科学界普遍接受。所以说，有时候，少数人的观点也许才是正确的。

少数服从多数这个规则，是用来决定某件事情怎么去做，而不是说人多的决定就是对的，人少的决定就是错的。所以，当我们面临选择的时候，我们可以为了集体利益妥协，但不要惧怕当“少数”，虽然“少数”的意见没有被采纳，可是这并不代表你的观点就是错误的。

跟着小小哲学家学哲学

少数服从多数，只是解决问题的一种方法。多数人不一定对，少数人也不一定错。任何事情都不是绝对的，所以，少数服从多数也并非是完全公平合理的，这一规则只是尽最大可能地保证了一个集体内大多数人的利益需求。在集体利益面前，可以少数服从多数，不过，自己的思想要保持一定的独立性，不能有从众心理，人云亦云。

7 我们为什么要帮助别人？

周末，爸爸带大米粒和小豆豆去附近的公园玩，在公园门口，放着几个展板，上面是某个偏远山区受到洪涝灾害后，房屋受损或者被毁的照片。其中有一张照片上一个学校的两层教学楼，一楼已经被泥石流淹没了，看起来触目惊心。旁边的桌子上，放着一个募捐箱，原来，是几个大学生利用周末，在为灾区募捐。

我们又不认识他们，为什么要帮助他们？

现实生活中，经常会见到帮助别人的事发生，甚至有些人，即使在自己生活困顿的情况下，依然愿意为别人施以援手。究竟是什么原因促使大家乐于帮助别人呢？有一种观点认为，这是一种人类进化过程中形成的基因本能。在物质条件极度匮乏的原始社会，人们发现互相帮助是一件互惠互利的事，于是在人类基因里就形成了一种帮助别人的本能。

最早的时候，这种互助的行为可能是无意识的，但是随着时间的推移，大家发现这种互相帮助的行为更有利于生存。于是在早期人类的思想中逐渐形成一种“我现在帮助你，当我需要帮助时，你也可以帮助我”的意识。当然，在如今看来，帮助他人是根植于心的善良和美德，并不是为了得到回报。

这是大书法家王羲之助人卖扇的故事。很显然，王羲之帮助老婆婆，并不是为了得到什么回报，而是他有“急人所难，解人所忧”的高尚情操，认为用自己的一己之力能帮助到别人，是一件很快乐的事。

我也想帮助别人快乐自己，可是没有能力怎么办呢？

帮助别人的前提是量力而行！

虽然第一个男生勇气可嘉，但说实话，一个不会游泳的人贸然下河救人，确实不可取。相比之下，还是第二个男生沉着冷静，他的做法更值得大家学习。有时候，我们虽然怀揣着一颗勇敢善良的心，但不能不考虑自己的能力。尤其对于学生来说，自己本身就是未成年人，在很多方面能力不足，没有充分的把握能帮助到别人的时候，一定要量力而行，不然，不但不会帮助到别人，反而有可能会把自己置身于危险之中。

如果别人提出需要帮助的要求，又恰好是自己力所能及的事，我们都可以做吗？

这可不一定哦！

像上面这些行为，大多是在人多的公共场合看到需要帮助的人，自然可以热心地提供帮助。但是，社会是复杂的，虽然我们提倡助人为乐，不过作为未成年人，保护自己的安全才是首要的，如果是身处偏僻的地方，就不要轻信陌生人的求助。

近年来，犯罪分子利用孩子们的单纯善良，假装向他们寻求帮助，进行违法犯罪活动的事时有发生，给孩子们的身心留下严重的创伤。所以，在偏僻的地方，或者遇到明显比自己能力强的人向自己寻求帮助时，同学们一定要学会拒绝。这不关乎道德品质，而关乎自己的人身安全。

跟着小小哲学家学哲学

“助人为乐”确实是美德，但是，帮助他人，要结合自身的现状和能力。孟子有句话：“穷则独善其身，达则兼济天下。”意思是说人在不得志的时候就要管好自己的道德修养，得志的时候就要努力让天下人都能得到好处。其实这和帮助别人是一样的道理：当自己能力有限的时候，只要做好自己就行；等有能力了，再去好好地帮助别人吧！

第四篇

生活像石头一样真实

1 我们为什么要做家务？

不是所有人都喜欢周末。

这几天，大米粒就不期待周末的来临，原因是爸爸妈妈突然宣布了一项决定：由于大米粒平时上学课业繁重，没有锻炼的机会，所以以后周末一日三餐后的洗碗工作，就交给大米粒了。

大米粒当然是极力反对这个决定，可是，反对无效。

为什么小孩子也要做家务？

因为小孩子也是家庭成员。对于一个家庭来说，每天有许多家务要做，如洗衣、做饭、打扫卫生等。作为孩子，在力所能及的情况下，应该帮父母分担家务，减轻父母的负担，这是每一个家庭成员的责任和义务。有些父母认为自己的孩子还小，宁愿自己辛苦一点，也不让孩子做家务，这其实不利于孩子的健康成长。

每个人都需要有一定的生活能力，这种能力不是天生就有的，是需要在成长的过程中通过不断地学习获得的。做家务是一个人最基本的生活能力，这是人生的必修课。试想，如果你连一些最基本的家务都不会做，没有自理能力，长大后如何独立生活呢？

做家务又不是多难的事，根本不需要学，等需要做的时候，自然就会了。

哦，是吗？那我们看看你是如何洗碗的吧？

如果不是亲身体验，也许你一直认为做家务只是一件很简单、很轻松的事。父母之所以能够井井有条地把家里打理得干净整洁，这都是因为小时候在他们自己父母的言传身教之下和日积月累中锻炼出来的。

东汉时期，有着远大抱负的陈蕃，根本不屑于做打扫卫生这样琐碎的小事，但是，父亲的老朋友薛勤却一针见血地指出：“你连打扫一个屋子这样的小事都做不好，怎么能做大事呢？”陈蕃从此觉悟，开始注意从身边的小事做起，最终成为一代名臣。

可是我们小孩子一干活老是出错怎么办？

我们在学做家务的过程中不免会出现一些错误，对于不会不懂的地方要多向父母请教，不能因为担心做不好而干脆什么也不做了，毕竟在做家务的过程中，也在不断学习、不断进步。

跟着小小哲学哲学

一个独立的人需要有独立生活的能力，而力所能及的家务劳动对培养我们独立生活的能力有很重要的作用。通过做家务，我们可以体会到父母的不易，更加懂得要珍惜他们的劳动成果，而且，当我们看到因为自己的付出让父母有片刻的休息，让家里变得整洁干净，一种被需要的自豪感将会油然而生，这就是劳动创造的价值和快乐。

2 我们为什么要遵守规则？

小区楼下的休闲区，无论是晴天还是雨天，总有几位老爷爷围在一起下象棋。大多数时间是张爷爷和李爷爷对弈，其他人在一旁观看。有时候，小豆豆也会挤到他们中间去看，看着看着，小豆豆产生了一些疑惑。

无论是比赛，还是游戏，都有一定的规则。因为有了规则，才能保证比赛或者游戏的存在和正常进行，一场比赛是以大家都遵守规则为前提的。

规则这么重要吗？

当然！如果没有规则，比赛和游戏就无法进行，生活也将一片混乱。规则是指规定出来供大家共同遵守的行为准则，规则可以以书面形式进行制定并要求大家遵守，如法律规定不能酒后驾车；也可以是约定俗成流传下来的不成文规定，如“过马路、左右看，不在路上跑和玩。”规则无处不在，也正是因为人人遵守规则，才保证了社会秩序的正常运行。

生活中，有些规则看似是在约束大家的行为，实则是在保护每一个人的切身利益，同时，也保障了社会生活井然有序地进行。所以，有规则，就必须遵守，任何破坏规则的行为，都将受到惩罚。

许多事故的发生，大多数是由于漠视规则造成的，如车辆超载、超速，擅自进入未开发的风景区，排队时插队所引起的纠纷……

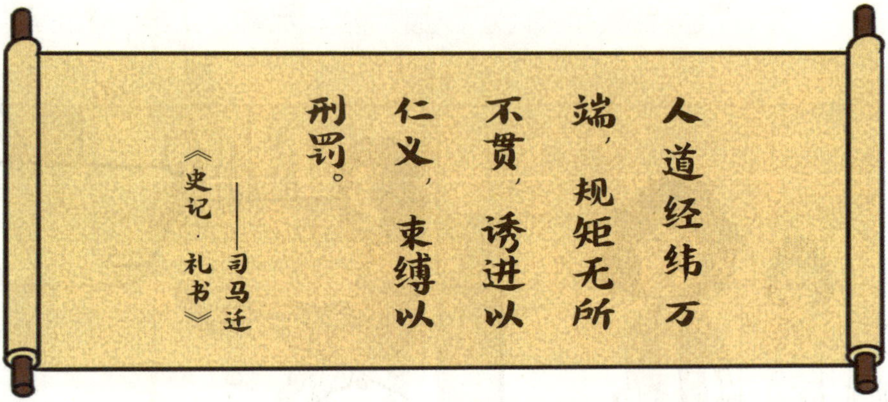

上面这段话是西汉时期史学家司马迁对规则的论述，意思是大千世界，规则无所不在、无时不在，我们要通过仁义道德的教育让大家遵守规则，对于不遵守规则的行为，要进行惩罚。没有规矩不成方圆，作为学生，应该遵守的最基本的规则就是尊敬师长、团结同学、遵守学校纪律和课堂秩序。

生活中是不是规则越多越好？

生活中，规则无处不在，而且绝大多数人都有遵守规则的良好习惯，在日常生活中讲文明、讲公德、讲素养，让社会井然有序地运行着。但是，生活中如果设置的规则过多，人的行为处处受到各种限制的话，人就会渐渐陷入被动接受规则的困境中，从而缺乏独立思考的能力，这不利于人类社会的进步。而且，规则的存在是为大多数人服务的，如果规则只是为了维护少数人的利益，那么规则就失去了它的价值与意义。

吃了鲤鱼就要挨板子，这确实是唐朝的一项规定。因为唐朝的皇帝姓李，而鲤鱼的“鲤”和“李”读音相同，所以，当时就有规定，如果抓到鲤鱼要立即放生，如果有人贩卖或者吃掉鲤鱼，就要挨六十大板。这种规则是为了保护皇权而制定的，为了少数人的利益，侵犯了大多数人的利益，像这种规则，人们不会心甘情愿遵守的。

跟着小小哲学家学哲学

规则是用来遵守的，但同时，规则也应当不断地完善并与时俱进，满足更多人的需要，这样才能更好地体现出规则的价值和意义。畏法度者最快活，守规矩者最自由。开车要遵守交通规则、排队要按照先后次序、在学校要尊敬师长……当遵守规则成为一种习惯时，社会才能和谐美好。作为独立的生命个体，行为规范要在一定的准则之内，但心灵要永远保持对自由的向往。

3 我们一定要有朋友吗？

一连几天，爸爸妈妈发现大米粒都是闷闷不乐的，吃饭的时候只是埋头吃饭，不和大家分享学校里发生的事情了，就连小豆豆说起学校里有趣的事儿，他也好像没听见，脸上没有任何表情。

朋友是指相互之间有深厚感情的人，可能因为有相同的兴趣爱好、感兴趣的话题，或者有相似的生活经历和体验，从而把对方当作生命中重要的人。当你在人生中遇到问题的时候，朋友会耐心地倾听，安慰你、鼓励你、帮助你并始终支持你，让你觉得人生并不孤单，所以，从情感上来说，人还是需要有朋友的。

人类在大自然面前，是单薄而脆弱的，为了能更好地生存，人类群居而生，互相照应。但是，每个人又都有自己独立的思想、个性，有自己的计划，所以，并不是所有人都能建立起深厚的感情。只有那些有共同的人生追求、爱好的人，在相处中逐渐发现可以温暖彼此的人，遇到困难时无条件地倾力帮助对方的人，最后才能成为好朋友。

我本来有好朋友，现在没有了。

朋友之间，难免会有不愉快的事情发生，这个时候，要多想想和朋友相处时的快乐时光，想想朋友曾经对自己的帮助，多站在对方的角度考虑问题，学会宽容。如果你还珍惜这段友情，可以主动表示友好，不要因为碍于面子、难为情，而错失一段宝贵的友谊。

看来朋友真的很重要。

对，选择交什么样的朋友，更重要！

孔子在《论语 · 季氏篇》里说：“有益的朋友有三种，有害的朋友有三种。同正直的人交朋友，同诚实的人交朋友，同见多识广的人交朋友，是有益的；同阿谀奉承的人交朋友，同当面恭维、背后诽谤的人交朋友，同花言巧语的人交朋友，是有害的。”上面那个女生明明当面说三个人是最好的朋友，背后却又说不想和别人做朋友，这是不诚实的。

是不是天天在一起的才算好朋友？

有些好朋友喜欢形影不离，但有的朋友，虽然交往不多，但是因为互相敬重，也是可以成为好朋友的。

李白的这首《赠汪伦》，将他与汪伦的依依惜别之情描写得淋漓尽致，他们之间的情谊也流传至今。其实，李白和汪伦不过是萍水相逢，只因为汪伦对李白的才华倾慕已久，而李白又是一个质朴而随性的人，两人一见如故，尽管相处时日不多，但也不妨碍他们之间建立深厚的感情。就像现在，许多人为了工作、生活、学习而忙碌，好朋友之间可能很长时间也见不上一次面，但是，真正的友情并不会因为时间和空间的变化而受到影响。

跟着小小哲学家学哲学

朋友是人生中不可或缺的一部分，朋友之间能够彼此需要、彼此温暖，更能彼此成就。朋友之交，贵在真诚。朋友之间，既可以一起分享成功的喜悦，也可以一起面对生活的困境。不过，好的朋友关系也是可遇而不可求的，生命中，如果能遇到知心朋友是人生幸事，如果没有遇到也不要沮丧。琴棋书画、花鸟鱼虫……一切都可以成为我们的朋友。

4 生活中哪件事情最重要？

舅舅家盖了新的房子，新房子有一个大大的院子，院子里面有秋千，还有乒乓球台。舅舅说等搬家的时候，请亲戚朋友们来院子里吃烧烤。大米粒和小豆豆早就迫不及待了，就等着那一天的到来。

这一天来临了，可是这天却不是周末，于是大米粒和小豆豆决定请一天假去舅舅家。

上学的确是一件很重要的事情。学校是专门为学习而设立的，同学们通过日积月累的学习，可以掌握知识、明白道理、学会思考并解决生活中遇到的各种问题。尤其是小学生，主要任务就是学习，为了去玩而请假的这种行为，是不可取的。

当身体健康的时候，对于大人们来说，工作很重要，对于学生们来说，学习很重要。但是当身体出现状况时，就得优先考虑身体，只有身体健康，才能有精力好好学习和工作。

那这么说，身体健康才是人生中最重要的事。

可以这么说，但是有时候，精神的追求也很重要！

英雄邱少云为了不暴露目标，确保全体潜伏人员的安全和任务的完成，他放弃自救，趴在火海里一动也不动，咬紧牙关，任凭烈火烧焦他的头发和皮肉，直至壮烈牺牲。邱少云之所以选择牺牲自己，正是因为他的心中有理想信念和价值追求。英雄值得每一个人敬仰，正确的价值观在人生中也尤为重要。

我们要向英雄们学习！

对，我们要学习他们舍生取义的精神！但是，作为小学生，在各种能力还不足的情况下，遇到危险时，还是首先要保证自身的安全。

究竟哪一个最重要呢？

每一个都很重要。而且，人的一生中重要的事物也远远不止这三个。比如，亲情、友情、学业、事业、金钱、开心、见识……这些其实都是我们成长和生活所需要的，都很重要。

那些我们认为重要的事情，对人生的影响真的很大吗？

人的一生要经历很多的事情，许多当时看起来很重要的事，也许在之后看来并没有想象中的那样重要。但是，这并不是说，人生没有重要的事，而是在成长的过程中，不同成长阶段的认知不同，对事物的理解不同，所以对重要事情的看法也不同。

有时候，你认为重要的事，别人却认为不重要，而别人认为重要的事，你却认为不值一提。就像行走在沙漠里的人觉得水最重要，而长时间身处梅雨天气的人却希望太阳赶紧出来。所以身处不同的环境，需要的东西不一样，对重要事情的看法也不一样。

跟着小小哲学家学哲学

主要矛盾和次要矛盾会随着时间的发展而变化，所以重要和不重要的事情也是相对的，会随着时间发生改变。人生中虽然很多事情都很重要，但是，也不必太过执着，因为人生是不断发展变化的，今天你觉得重要的事，到了明天可能变得就没有那么重要了。只要认真地对待每一件事，过好每一天，人生就是充实而有意义的。

5 如何看待好心办坏事？

最近爸爸妈妈都比较忙，就连周末也常常加班。这个周六，爸爸妈妈又去加班了。

“唉，大人们真辛苦啊！”大米粒说。

“对啊，我们周末可以休息，爸爸妈妈却还得加班。”小豆豆说。

“爸爸妈妈最近这么辛苦，我们给他们做顿饭吧！”大米粒提议道。

“好啊！好啊！”小豆豆立即表示赞同，“不过，我们不会做饭啊！”

“不会可以学啊！”大米粒信心满满地说。

有时候，我们虽然抱着帮助别人的目的，但是结果反而让事情变得很糟糕，这就是“好心办坏事”。不过因为动机是好的，所以大多数时候是可以被理解并原谅的。大米粒和小豆豆虽然浪费了食材，还增加了爸爸妈妈的“工作量”，但是爸爸妈妈的内心肯定是欣慰的。

是不是说只要是出于好心，我们什么事都可以做?

当然不是这样了。

生活中常常有这样的事发生，自以为是在帮助别人，其实却给别人增添了麻烦，并且因为自己是“出于好心”，不但认识不到自己的问题，还振振有词。这也导致在很多时候，被“好心帮助”的人只能无奈接受。

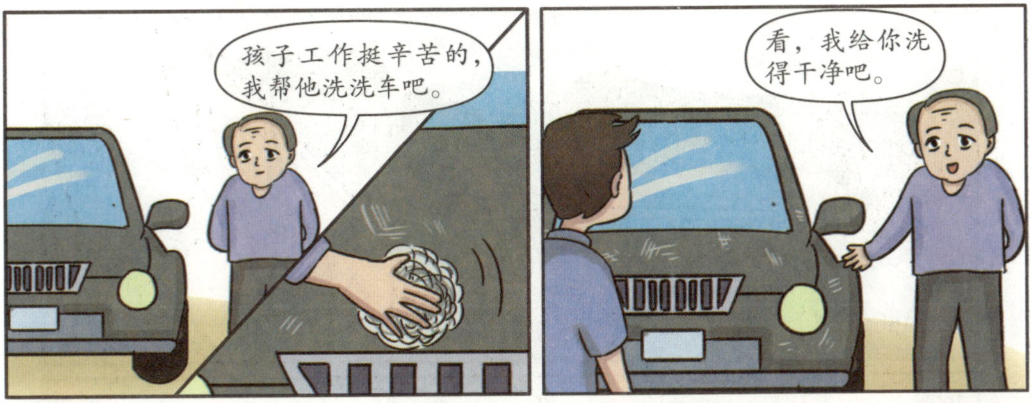

“好心”之所以会“办坏事”，除了能力不足外，还有个原因就是认知的不同。每个人所处的环境和接触到的事物不同，认知自然也不同。用自己的认知水平去为别人考虑，大多数情况下会导致“好心办坏事”。所以，在不了解情况的时候，最好不要轻易地按自己的意愿去帮助别人。

蝴蝶在茧中发育的时候，体内含有大量的水分，当它从茧中钻出来的时候，茧会帮助它把多余的水分挤掉，这样它的翅膀才能变得干燥并伸展开来。如果人为弄破茧，它的翅膀会非常湿，它是飞不起来的，飞不起来就意味着它没有办法进食，只能饿死。客观事物的发展自有它的规律，如果违背规律，即使有善良的愿望、美好的动机，结果也只能适得其反。

《揠苗助长》的故事，最早出自《孟子·公孙丑上》。农人本意是想让禾苗快点长大，帮家里早点收庄稼，结果却导致颗粒无收。之所以会产生这么严重的后果，只因为他的“好心”建立在认知的偏差上，不懂得农作物的生长规律。所以，要想避免好心办坏事，就要尽可能提高自身的认知水平。

大米粒的这种做法也属于“好心办坏事”，他为了让同桌免于老师的批评，就把自己的作业借给同桌抄，这看似帮助了同桌，其实却“害”了同桌，让同桌养成了不认真完成作业的坏习惯，从而导致成绩退步。所以，在生活中，不应该有这样的“好心”。

跟着小小哲学家学哲学

“好心办坏事”是一个关于动机和结果的哲学问题。在做事情的时候，即使动机是好的，但也不能保证一定有一个好的结果。我们一直提倡乐于助人，但在帮助别人前，必须考虑到后果。也就是说，当我们怀着一颗乐于助人的心想帮助别人的时候，要先想一想，自己这样做真的能帮助到别人吗？自己真的有能力帮助别人吗？做了以后会出现什么样的后果？做事前要考虑到这些问题，以免增添麻烦。

6 我们为什么要有责任感？

大米粒班上今天有体育课，体育老师让体育委员去器材室领取了篮球、足球、羽毛球、乒乓球，还有跳绳等许多的体育器材。

老师告诉大家，这节课大家自由组合，喜欢玩什么就玩什么。

收拾体育器材不是体育委员的责任吗？我们又不是体育委员，老师为什么要批评我们？

确实，领取和归还体育器材是体育委员的职责所在，是他的分内事，但是，责任感是一种自觉地、主动地做好分内、分外一切有益事情的精神状态，不仅仅是指你是干什么的，就只承担什么，对其他的事情一律不闻不问。况且，体育器材作为一种公共物品，人人都应该爱护，这是最起码的义务和责任，所以，老师批评得对！无论在学习还是在生活中，每个同学都应该有发自内心的责任感。

我们为什么要有责任感？

强烈的责任感会促使我们做出对别人、对社会有益的事，从而也体现出我们自身的存在价值。

历史上许多的名人志士，都心怀天下，有家国情怀，以为人民谋幸福为己任，“先天下之忧而忧，后天下之乐而乐”，正是在这种责任感的驱使下，他们勇于担当，百折不挠，最终成为爱国英雄，让人们缅怀并铭记。

可我们都是普通人，怎么能和英雄们相提并论呢？

“天下兴亡，匹夫有责。”这句话出自中国古代著名思想家顾炎武的《日知录》，意思是说，国家的兴衰和每个人都息息相关，如果每个人都能自觉地以社会的进步、人类的发展为己任，这个国家一定能够富强。英雄在没有成为英雄之前，也是普通人，正是因为他们有强烈的社会责任感，最终才取得让人敬佩的成就。

可怎么样才是有责任感呢？

其实很简单啦！

并不是说去干轰轰烈烈的大事，才是有责任感。其实生活中的许多小事，更能体现一个人有没有责任感。帮父母做家务，是对家庭有责任感；随手把垃圾扔进垃圾箱，是对环境卫生有责任感；干好本职工作，是对职业有责任感……

那我好好学习，是不是也算是有责任感呢？

那当然了，作为学生，努力学习，将来做一个有用的人，是对社会有责任感。

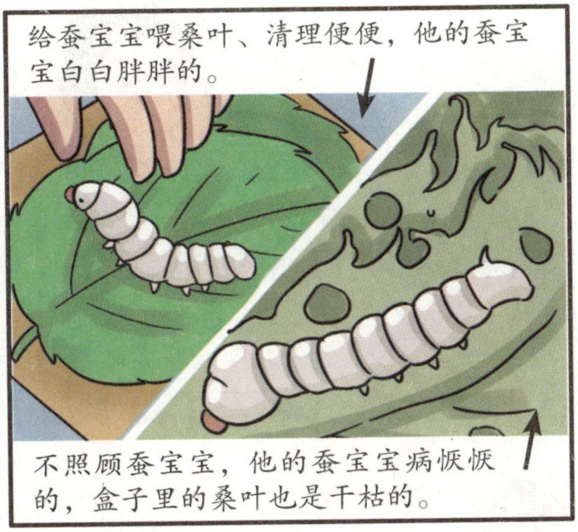

看，有责任感的人，能够认真、负责地做好每一件事。其实生活中的许多事情就像是养蚕宝宝，当你决定养它的时候，你就得对它的生命负责。如果你细心地照顾它，它会给你吐丝结茧，如果你对它不负责任，那么就一无所获。

每个人都应该对自己的行为负责，做了错事，就要承担相应的责任。犯了错误，如果能够认识到错误并及时改正，主动承担自己该负的责任，弥补过失，这也是一种责任感。

跟着小小哲学家学哲学

责任是生而为人的一种义务，责任意味着付出。而责任感可以促使人们将这种义务变成一种主动作为。责任感是重要的人格品质，每一个尊重社会公德、维护社会秩序、营造和谐文明的社会氛围的人，都有着根植于心的责任感。也正是这种责任感，让老师教书育人、让医生救死扶伤、让军人舍生忘死、让警察迎难而上……让我们的社会美好和谐！

7 我们为什么要尊重别人？

小豆豆在楼下玩的时候，认识了几个新朋友。这天，一个叫嘟嘟的小朋友邀请小豆豆和另外一个朋友去他家里玩。小豆豆很高兴，特意拿了自己刚买的玩具去和大家一起玩。可是，没一会儿，小豆豆便闷闷不乐地回来了。

“咦，你不是去小朋友家玩了吗，怎么这么快就回来了？”大米粒奇怪地问。

小豆豆撅着嘴说了事情的经过。

我觉得嘟嘟一点都不尊重我们！

对，嘟嘟的行为确实属于不尊重别人。他既然邀请小朋友去家里玩，自己却只顾着玩平板电脑，而且还随意指责别人的玩具是“破玩具”，根本不顾及小朋友们的感受，这很明显会让小朋友们觉得自己被忽视、被看不起，而这种被忽视、被看不起的感觉，就是不被尊重的感觉。要知道，无论是大人，还是小孩子之间，互相尊重是相处的前提。

社会上，总有些人自以为高高在上，随意对别人颐指气使、大呼小叫，根本不知道什么是尊重别人，其实，这是没有修养的表现。一个人，即使你社会地位再高，能力再强，如果不懂得尊重别人，一样也得不到别人的尊重。如果遇上不懂得尊重别人的人，最好的办法就是远离他！

人与人能够融洽相处的最基本条件就是尊重。尊重包含了彼此平等、互相重视、维护对方的尊严等，如果做不到以上这些，那这个人就是傲慢无礼的，这样的人，人们不但不会尊重他，也不愿意给他提供帮助，还会对他避之不及。相反，人们总愿意和懂得尊重他人的人相处和交往。历史上那些懂得尊重的人，一直被世人称赞。

上面这个故事叫“程门立雪”，出自《宋史 · 杨时传》，讲述了杨时和游酢两位同学去拜访老师程颐，怕打扰到老师的休息，静静在雪中等候的故事。他们对有学问的长者的尊敬，堪称典范，被世人传为佳话，更给人们以思想的启迪：那些尊重别人的人，也终将被别人尊重！

我们当然会尊重长辈、尊重老师！不过，同学之间，是不是就没必要互相尊重了？

无论什么身份、什么地位，我们都应该享有被尊重的权利。同学之间，也需要互相尊重。

其实，尊不尊重别人，都体现在一些生活的小细节中。那些故意破坏别人的劳动成果，故意偷听、偷看、打听别人的隐私，随意打断别人说话，议论别人的容貌长相，甚至嘲笑别人的缺陷的人，都是不懂得尊重别人的人。长此以往，这些人也得不到别人的尊重，因为，要想得到别人的尊重，先要尊重别人！

跟着小小哲学家学哲学

尊重别人是交往的前提，是内在修养的外在体现。尊重是建立在平等的基础上的，万事万物都是平等的。在人与人的相处中，无论对方是什么身份、什么地位，都要用平等的心态和言行对待。如果别人在某些方面不如自己，我们不要用傲慢不敬的态度和言语去伤害别人，而是要给予鼓励和帮助。互相尊重，会让人感到心情愉悦，相处起来也会和谐融洽。